ANGÉLINE,

OU

LA CHAMPENOISE,

COMÉDIE-VAUDEVILLE EN UN ACTE,
IMITÉE DE L'ALLEMAND.

PAR MM. DARTOIS ET LÉON.

Représentée, pour la première fois, sur le Théâtre des Variétés, le 5 Avril 1819.

DEUXIÈME ÉDITION,

Conforme à la Représentation.

Prix : 1 fr. 25 c.

PARIS.

Chez BARBA, libraire, Palais-Royal, derrière le Théâtre-Français, n° 51.
ÉDITEUR DES ŒUVRES DE PIGAULT-LEBRUN.

IMPRIMERIE DE CHAIGNIEAU FILS.

1819.

PERSONNAGES.

LE BARON, ancien militaire............ M. LEPEINTRE.
ADOLPHE, son neveu................. M. VERNET.
ANGÉLINE, jeune champenoise, nièce et pu-
      pille du Baron................. Mlle. PAULINE.
GERMAIN, valet d'Adolphe............ M. BOSQUIER.
ROSE, suivante d'Angéline............ Mlle. FLORE.
COMTOIS, vieux domestique du Baron.. M. FLEURY.

La scène se passe à Paris dans la maison du Baron.

S'adresser, pour la *Partition*, à M. GILBERT, chef d'Orchestre, *rue de la Vrillière, n° 4.*

ANGÉLINE,
OU
LA CHAMPENOISE.

Le théâtre représente une partie d'un très-beau jardin ; à droite, est un pavillon élégant qui s'avance sur la scène, de manière qu'il y ait une fenêtre vis-à-vis le public ; au-dessus de la fenêtre est une petite lucarne ; dans le fond du jardin est une petite porte.

SCÈNE PREMIÈRE.

Le BARON, ANGÉLINE *en négligé de voyage*, ROSE *en soubrette*, VALETS *portant des paquets.*

Au lever du rideau on entend frapper trois coups à la petite porte. Comtois sort du pavillon et va ouvrir.

COMTOIS.

J'entends le signal ; ce sont sans doute nos voyageurs.
(*Il va ouvrir la petite porte.*)
LE BARON *entrant avec Angéline, Rose et les valets.*
Bonjour, Comtois, bonjour.

COMTOIS.

Monsieur le baron a fait un bon voyage ?

LE BARON.

Excellent, mon ami, excellent. (*à Comtois qui regarde Angéline.*) C'est ma pupille ; regarde, Comtois, qu'elle est jolie !

COMTOIS.

Je m'en étais aperçu, monsieur le baron.

ANGÉLINE.

Comtois est flatteur.

ROSE.

Il est dommage qu'il soit si vieux, le père Comtois.

LE BARON.

As-tu exécuté mes ordres?

COMTOIS.

De point en point; vous trouverez dans le pavillon tout ce que vous avez demandé.

LE BARON.

As-tu fait ouvrir la petite porte condamnée, qui conduit de ce pavillon dans la rue?

COMTOIS.

Oui, monsieur, je l'ai ouverte moi-même.

LE BARON.

A l'insu de tout le monde?

COMTOIS.

Monsieur connaît mon adresse et ma discrétion; quant à la harpe et aux livres, pour plus de sûreté, ils ont été transportés ici de nuit, et par moi seul, aidé du portier, de sa femme et de sa fille; ce sont des personnes sûres.

LE BARON.

Tu crois?

COMTOIS.

J'en réponds comme de moi-même.

LE BARON.

Bien, très-bien, mais entrons; Adolphe pourrait nous surprendre.

COMTOIS.

Il dort encore; nous avons passé la nuit au bal.

ANGÉLINE, *se rapprochant*.

Comment, passer la nuit au bal! mais, mon oncle, c'est affreux; et vous voulez que j'épouse mon cousin?

Air: *Vers le Temple de l'Hymen.*

Passer une nuit au bal,
Chercher à briller, à plaire,
Quelle conduite légère!
En vérité, c'est fort mal.
Au bal, de quelque coquette
Il aura tourné la tête.
Il faut, je vous le répète,

Qu'Adolphe change aujourd'hui.
Au bal, une nuit entière !
Il n'ira plus, je l'espère,
Sans que je sois avec lui.

LE BARON.

Je vois que tu vas le forcer à se jeter dans la réforme ; mais je crains que son valet ne nous aperçoive.

ROSE.

Il a un valet ?

COMTOIS.

Oh ! ne craignez rien ; M. Germain dort aussi.

ROSE.

A l'heure qu'il est ! C'est donc un apprenti grand seigneur que ce valet-là ?

COMTOIS.

Nous avons passé la nuit au cabaret.

ROSE.

Au cabaret ! mais c'est abominable, s'exposer à dormir si tard. Monsieur le baron, il faut que vous me permettiez de corriger ce garçon-là.

LE BARON.

C'est un assez mauvais sujet, je t'en avertis.

ROSE.

C'est comme ça que je les aime.

LE BARON.

Va, bon Comtois, va te mettre en observation au bout de l'avenue ; dès qu'il paraîtra quelqu'un, tu viendras nous avertir ; surtout ne va pas nous laisser surprendre par l'ennemi.

COMTOIS.

Est-ce que je n'ai pas fait la guerre ?

ROSE.

Comment, monsieur Comtois, vous avez fait la guerre ?

COMTOIS.

Oui, mademoiselle, je suis invalide pour vous servir.

ROSE, *faisant la révérence.*

Bien obligé, monsieur Comtois. (*Comtois sort.*) Moi je vais rentrer les cartons et visiter notre appartement. (*Elle entre dans le pavillon.*)

SCENE II.

LE BARON, ANGÉLINE.

ANGÉLINE.

N'oubliez pas, mon oncle, que vous m'avez promis de m'apprendre ici les motifs du mystère singulier qui nous entoure.

LE BARON.

Écoute, ma chère Angéline; ton père, le comte de Prémontal, général distingué par ses talens militaires, mourut dans mes bras au champ d'honneur ; c'est dire qu'il ne laissait à sa fille d'autre héritage qu'un nom illustre et les plus honorables souvenirs..... Mon frère, me dit-il, en expirant.... mon frère, je te recommande mon Angéline; qu'elle devienne ta fille, et si ma mémoire t'est chère, que cette aimable enfant soit un jour, par ses vertus, la récompense d'un brave et loyal officier.... Je le lui jurai.... et voici le moment de tenir ce serment sacré..... Adolphe malgré sa jeunesse a déjà prouvé, par son courage, qu'il était digne d'être ton époux.... Il est aussi devenu mon fils par un boulet de canon qui emporta son père dans une bataille : tu vois que nous avons toujours eu du bonheur dans notre famille; moi, surtout.

Air : *Il me faudra quitter l'empire.*

Trop inconstant dans le jeune âge
Pour fixer mes goûts et mon cœur,
Des nœuds charmans du mariage
J'avais toujours fui la douceur,
Et je regrettais ce bonheur.
Heureusement au champ de la victoire,
Sous nos étendards triomphans,
De mon hymen avec la gloire
Il m'est survenu deux enfans.

ANGÉLINE.

Comment reconnaître tout ce que vous avez fait pour moi ?

LE BARON.

En ne m'en parlant jamais, ma chère Angéline; élevée dans un chateau de la Champagne, tu n'en as pas moins reçu une éducation digne de ta naissance, et j'espère que ton cousin reviendra de son erreur.

ANGÉLINE.

Quelle erreur, mon oncle ?

LE BARON.

Il faut bien lui pardonner quelques travers en faveur de ses brillantes qualités.

Air : *Le Briquet.*

Adolphe, au moins je le pense,
Partout fera des jaloux.

ANGÉLINE.

Mais je le crois comme vous.

LE BARON.

Et, malgré ton innocence,
Pour le séduire, entre nous,
Tes regards sont assez doux.

ANGÉLINE.

Mais, je le crois comme vous.

LE BARON.

Tu le verrais, je le gage,
Sans colère, à tes genoux.

ANGÉLINE.

Mais je le crois comme vous.

LE BARON.

Enfin, si l'hymen t'engage,
Tu mèneras ton époux.

ANGÉLINE.

Mais je le crois comme vous.

LE BARON.

N'oublie pas ce que je te dis, ma chère Angéline ; ton mariage avec Adolphe, ferait le bonheur de mes vieux jours.

ANGÉLINE.

Je ne demande pas mieux que de vous rendre heureux, mon cher oncle ; mais de quelle erreur voulez-vous donc parler ?

SCÈNE III.

Les mêmes, COMTOIS.

COMTOIS, *accourant.*

Monsieur le Baron, eh ! vîte, eh ! vîte ! Monsieur Adolphe se dirige vers cette partie du parc.

LE BARON, *à Angéline.*

Entrons dans le pavillon, tu pourras l'observer à travers cette jalousie ; d'après tout le bien que je lui ai écrit de toi, il doit attendre ton arrivée avec impatience.

ANGÉLINE.

Ce cher Adolphe, je suis certaine qu'il me plaira.

(*Le Baron entre dans le pavillon avec Angeline, ils paraissent aussitôt à la fenêtre.*)

COMTOIS.

Moi, je me sauve aussi pour éviter les questions. (*Il sort.*)

ROSE *parait à une lucarne du pavillon.*

Et moi, voici mon observatoire.

TABLEAU.

SCÈNE IV.

ADOLPHE, GERMAIN *arrivant par la droite*, LE BARON, ANGÉLINE, *à la fenêtre du pavillon*, ROSE *à la lucarne.*

ADOLPHE, *en entrant, à Germain.*

Et le concierge ne t'a pas trompé ?

GERMAIN.

Non monsieur, il m'a juré lui-même qu'il avait aidé le vieux Comtois à transporter une harpe et des livres dans ce pavillon.

LE BARON, *à part.*

Le bavard !

ADOLPHE.

On peut s'en assurer en le visitant.

ANGÉLINE.

Il est fort bien votre neveu, mon cher tuteur.

ROSE, *de sa lucarne.*

Il n'est pas mal ce faquin !

GERMAIN, *se retournant.*

Monsieur me parle ?

ADOLPHE.

Moi, non. (*Essayant d'ouvrir le pavillon.*) Cette porte est fermée.

GERMAIN.

Elle était toujours ouverte, donc le concierge a raison.

ADOLPHE.

Je n'en saurais douter, et mon oncle veut accomplir la menace qu'il m'avait faite de m'amener une femme du fond de la Champagne.

GERMAIN.

Ce pavillon est préparé pour la recevoir.

ROSE.

Il a du bon sens ce faquin !

GERMAIN.

Monsieur ?

ADOLPHE.

Que dis-tu ?

GERMAIN.

Je croyais que vous me parliez.

ADOLPHE.

Fut-il jamais malheur égal au mien ?

ANGÉLINE.

Qu'entends-je ?

ADOLPHE.

A mon âge, être forcé de renoncer à tous les plaisirs, pour épouser, qui ?.....

ANGÉLINE, *avec dignité*.

Qui ?

ADOLPHE.

Une petite provinciale, une agnès de seize ans, dont la gaucherie servira d'amusement à toutes nos dames du monde !

ANGÉLINE.

Je ne reviens pas de ma surprise !

GERMAIN.

Mais, monsieur, cette agnès qui vous fait peur, est votre cousine, elle doit avoir la moitié de la fortune de votre oncle, et, en l'épousant, cela vous ferait un joli total.

ADOLPHE.

Que m'importe la fortune ! ne suis-je pas assez riche des bienfaits de mon oncle ? je donnerais tout ce que sa bonté me destine pour rompre ce mariage, ou du moins pour que celle qu'il veut que j'épouse, ait les grâces et le maintien de ces femmes charmantes qui embellissent nos brillantes soirées de Paris..... Mais devenir le mari d'une jeune fille élevée dans un vieux château et par la sœur de mon oncle encore !..... une

Angéline. 2

sage et gothique dame qui n'a jamais voulu renoncer à son chignon à la monte-au-ciel !

GERMAIN.

Et à son pet-en-l'air.

LE BARON, *riant.*

Oh ! le scélérat !

ROSE.

Comme c'est ça, comme c'est ça !

ADOLPHE.

Tiens, je crois voir d'ici ma prétendue.

Air *de la Robe et des Bottes.*

C'est une grande demoiselle,
Baissant les yeux à chaque instant,
Tremblant quand on s'approche d'elle,
Et rougissant d'un mot fort innocent,
Qui, timide, même un peu bête,
Dès qu'on lui fait sa déclaration,
Répond : Monsieur, vous êtes bien honnête ;
Ou, monsieur, vous êtes bien bon.

ANGÉLINE.

Mais c'est une infamie !

GERMAIN.

Il y aura sans doute là quelque grosse soubrette du terroir, de ces femmes charmantes, qui disent toujours aux galans, un *nenni, j'ons trop de vertu pour ça* ; et qui répondent à une douceur par un soufflet.

ROSE.

Je m'en souviendrai.

GERMAIN.

Votre oncle veut nous sacrifier, monsieur.

ROSE.

Le coquin !

GERMAIN.

Monsieur me fait l'honneur de me dire.....

ADOLPHE.

Moi ! je ne dis rien.

GERMAIN.

C'est singulier, comme les oreilles me tintent en *in*, aujourd'hui.

ADOLPHE.

Ainsi, je vais donc être à vingt-cinq ans, et avec les plus

belles espérances, le mari d'une femme sans grâces, sans esprit, sans talens !

LE BARON.

Voilà son erreur, ma chère Angéline.

ANGÉLINE.

Je suis d'une colère !.... (*Elle s'élance à la harpe et exécute un brillant prélude.*)

ADOLPHE, *étonné.*

Qu'entends-je ?.... Que veut dire cela ?.... Quels accords enchanteurs !

GERMAIN.

Il y a du monde dans ce pavillon; monsieur votre oncle est sans doute de retour.

Air : *O Pescator del' Onda* (*de la Sérénade.*)

Serait-ce là votre belle ?

ADOLPHE.

Ecoutons........

LE BARON, *à part, riant.*

Oui, sans doute, c'est elle :
Poursuivons,
Nous le ramènerons.
Déjà ta harpe l'enchante,
Et dans une douce attente,
te voir
Est tout son espoir.

ENSEMBLE.

ADOLPHE.

Oui, cette harpe m'enchante;
Ma prétendue est charmante !
La voir,
Est tout mon espoir.

ROSE et GERMAIN.

Cette harpe l'enchante, etc.
La voir, etc.

(*Ils s'étaient approchés de la porte, pour écouter et chercher à voir dans le pavillon.*)

SCÈNE V.

LES MÊMES, LE BARON *sortant du pavillon avec Comtois; on a fermé les fenêtres du pavillon.*

LE BARON.

Comtois, allez exécuter mes ordres. (*Comtois sort.*)

ADOLPHE.

Comment, mon oncle, vous êtes à Paris, et je n'en savais rien !

LE BARON.

J'arrive à l'instant même, monsieur.

ADOLPHE.

Seul ?

LE BARON.

Non, mon neveu, avec votre cousine, votre prétendue : mais quel hasard vous amène près de ce pavillon ?

ADOLPHE.

Ce n'est point le hasard, les sons enchanteurs d'une harpe... Mon oncle, mon cher oncle, est-ce ma prétendue que je viens d'entendre ?

LE BARON.

Elle-même, mon neveu, et j'espère que vous êtes toujours disposé à m'obéir.

ADOLPHE.

Plus que jamais, mon oncle. Comment donc, vous ne m'aviez pas dit que votre pupille avait un si beau talent ! Une harpe entraîne ordinairement après elle les plus brillans avantages. Une femme ne se décide point pour cet instrument sans avoir d'abord bien examiné si sa vanité peut y trouver son compte. La harpe sert à dessiner les contours d'une jolie taille, elle doit être soutenue par un joli bras, il faut une jolie main pour rendre les sons harmonieux, et les pédales demandent un joli pied.... d'où je conclus que ma prétendue a des qualités et de très-rares qualités.

LE BARON.

Ah ! ah !

GERMAIN, *à part*.

Diantre ! comme le voilà retourné !

LE BARON.

Ainsi, monsieur, en faveur de la harpe, vous passeriez sur la gaucherie du maintien.

ADOLPHE.

La danse est la sœur de la musique ; et, puisque ma prétendue est musicienne, elle doit danser aussi.

GERMAIN.

Le raisonnement est clair ! d'ailleurs un joli pied danse toujours bien.

LE BARON.

En vérité, mon ami, tu m'enchantes. Ce mariage te plaît donc ?

ADOLPHE.

Il me transporte, mon oncle !

GERMAIN.

Ah ! monsieur, nous n'avons jamais hésité là-dessus.

LE BARON, *riant.*

Je le sais.

GERMAIN, *au baron.*

Monsieur ?

LE BARON.

Maraud !

GERMAIN.

Y a t-il une soubrette ?

LE BARON.

Oui, monsieur Germain.

GERMAIN.

O bonheur ! puisque la maîtresse a tant de talent pour la harpe, je suis sûr que la suivante doit pincer de la guitare ou de la guimbarde.

ADOLPHE.

Cette chère cousine, je m'en fais une idée charmante !

GERMAIN.

Et la soubrette donc ?

ADOLPHE.

AIR : *Je loge au quatrième étage.*

Dans son maintien, quelle décence !

GERMAIN.

Par sa mine, on est agacé !

ADOLPHE.

Ses regards peignent l'innocence !

GERMAIN.

Son petit nez est retroussé.

ADOLPHE.

Sa voix, d'une douceur étrange !

GERMAIN.

Elle a l'œil grand, le pied mignon!

ADOLPHE.

Bref! je suis sûr que c'est un ange.

GERMAIN.

Je suis sûr que c'est un démon.

LE BARON, *à Adolphe.*

Oh! tu es très-fort pour les portraits; mais je vais te présenter ta cousine. (*Il va à la porte du pavillon.*)

AIR : *C'est le comte Ory.*

Viens, sans crainte, viens ma nièce,
Auprès d'un neveu chéri,
Qui, pour toi plein de tendresse,
Brûle d'être ton mari.

ADOLPHE, *à part.*

Cette femme charmante,
Je vais la voir et l'aimer!

GERMAIN.

Sans pareille suivante,
Je brûle de t'enflammer!

SCENE VI.

LES MÊMES, ANGÉLINE ET ROSE *paraissent à la porte du pavillon; Angéline est mise tout-à-fait à l'antique. Rose est mise en villageoise niaise; le Baron donne la main à sa nièce, et la présente à son neveu. Rose vient se mettre à côté de Germain.*

ADOLPHE, *se retournant et apercevant Angéline qui lui fait la révérence.*

Ah! ciel! quelle tournure!

GERMAIN, *apercevant Rose.*

Quelle caricature!

ANGÉLINE.

Me voici.   (*bis*).
Voyons ce mari.
J'accours soudain à votre voix.

GERMAIN.

Ah ! Dieu, quel minois
Champenois !

ENSEMBLE.
{
ADOLPHE, GERMAIN.

Quel minois !
Qu'il est Champenois !

LE BARON, ANGÉLINE, ROSE.

Mon
—— minois,
Son
Je le crois,
Est bien Champenois !
}

LE BARON, *lui montrant Adolphe.*

Ma chère Angéline, voilà ton époux.

ANGÉLINE, *niaisement.*

Vous êtes bien bon, mon oncle.

ROSE.

Et moi, monsieur, en aurai-je-t'y un *i-tou* ?

GERMAIN, *à part.*

I-tou ! je suis un homme mort.

LE BARON.

Tiens, ma petite Nanette, je te donne ce garçon-là.

ROSE, *regardant Germain.*

Oh ! oh ! oh ! marci, monsieur, il n'est pas beau, dutout, dutout ; mais, de votre main, je ne savons rien refuser.

ADOLPHE, *à part.*

Je reste confondu !

LE BARON.

Eh bien ! mon neveu, n'est-ce pas qu'elle est jolie ?

GERMAIN, *bas à Adolphe.*

Oui, c'est une jolie antique.

LE BARON, *voyant l'embarras de son neveu.*

Mais quelle sotte timidité, au point où vous en êtes ! (*Bas à Adolphe.*)

AIR *de Partie carrée.*

Mais baise donc cette main si jolie,
Dont les accords t'avaient déjà touché.

ADOLPHE, *prenant la main d'Angéline.*

Ah ! permettez, je vous en prie.

ANGÉLINE., *lui donnant sa main à baiser.*

De tout mon cœur ; ce n'est point un péché.

(*Adolphe lui baise la main ; elle l'essuie aussitôt avec son mouchoir.*)

GERMAIN.

Belle Nanette, à mon tour je réclame
Même faveur, et croyez bien
Que je voudrais ici toucher votre âme.

(*Il lui prend la main et va pour la baiser.*)

ROSE, *lui donnant un soufflet.*

Monsieur, on n'touche à rien.

GERMAIN, *à part.*

Là, quand je le disais ! peste soit de la Champenoise !

LE BARON.

Je suis ravi, mes enfans, du doux accord qui règne entre vous..... Je vous laisse ensemble.

ANGÉLINE.

Comment, monsieur le baron, vous me laissez comme ça toute seule avec un garçon ?

LE BARON.

N'est-ce pas ton prétendu ?

ANGÉLINE.

Ah ! c'est vrai ; je n'y pensais pas.

ADOLPHE, *à part.*

Est-elle assez niaise ?

LE BARON.

Je vais envoyer à la pension de ta sœur pour l'avertir de ton arrivée.

ANGÉLINE.

Ah ! oui, mon oncle, tout de suite, je vous en prie. Cette chère sœur, je voudrais bien l'embrasser.

ROSE.

Et moi *i-tou*.

LE BARON.

Je te l'amenerai moi-même.

ROSE.

C'est une bonne fille, quoiqu'elle ait pris les modes de ce vilain Paris.

MORCEAU *tiré de Picaros et Diégo.*
ENSEMBLE.

LE BARON, *à part.*	ANGELINE et ROSE, *à part.*	ADOLPHE et GERMAIN, *à part.*
Ah ! quel plaisir ! Bientôt à le séduire Angéline va réussir! Ah ! quel plaisir ! Tout semble me sourire. C'est ainsi qu'il faut le punir.	Ah ! quel plaisir ! J'espère ———— le réduire, Elle va mon me Et ——— cousin va ——— ché- son la rir. Ah! quel plaisir ! Je vais donc ———————— le séduire: Elle va C'est ainsi qu'il faut le punir.	Quel déplaisir ! me Elle croit ——— séduire. le Mais pourra-t-elle y réussir? Quel déplaisir ! me Il —— faudra maudire lui L'hymen que je devais chérir ———————————————— Un hymen qu'il devait chérir.

LE BARON, *bas à Adolphe.*

Mon cher neveu, je t'en supplie,
Montre ici ton esprit brillant.

(*Bas à Angéline.*)

Toi, prends un ton bien innocent.

ANGELINE, *bas au baron.*

Je vais jouer la comédie.

ENSEMBLE.

LE BARON, *à part.*	ANGELINE et ROSE, *à part.*	ADOLPHE et GERMAIN, *à part.*
Ah! quel plaisir! etc.	Ah ! quel plaisir ! etc.	Quel déplaisir, etc.

(*Le baron sort en faisant des signes d'intelligence à Angéline.*)

SCÈNE VII.

ADOLPHE, ANGÉLINE, GERMAIN, ROSE.

ADOLPHE, *à part, regardant Angéline qui affecte un air niais.*

Et voilà la femme que j'ai promis d'épouser !

GERMAIN, *à part.*

Je ne pourrai jamais aller en société avec une femme comme ça !

ANGÉLINE.

Monsieur Adolphe, qu'est-ce que nous allons faire pour nous amuser ?

ADOLPHE.

Je trouve tant de charmes dans votre conversation !
Angéline.

ANGÉLINE.

Oui, mais ça m'ennuie moi !

ROSE.

Ah ! dites-donc, mamzelle..........

AIR : *Que demandez-vous ? la parole.*

Joussons à des jeux innocens.
Hein ! v'là qu'est amusant, j'espère ;
Celui qu'nous joussons d'temps en temps,
C'est le voyage de Cythère.

GERMAIN, *à Rose.*

Quoi ! Nanette, avec cet air-là,
Sans sortir de votre campagne,
Vous auriez fait, qui le croira?
Le voyag' de Cythèr', déjà ?

ROSE.

On ne fait que ça. (*Bis.*)
En Champagne.

ADOLPHE.

J'ignorais, mademoiselle, que vous eussiez une sœur.

ANGELINE.

J'en ai une depuis long-temps ; c'est mon aînée.

ADOLPHE.

C'est différent.

ANGÉLINE.

Elle est en pension à Paris, depuis la mort de notre père. Oh ! elle ne me ressemble pas du tout.

ADOLPHE, *à part.*

Ce n'est pas malheureux pour elle.

ANGÉLINE.

Demandez plutôt à Nanette.

ROSE.

C'est vrai ça..... C'est une belle coquette, à ce qu'on dit, et qui a plus d'esprit à elle toute seule que nous tous ensemble ! C'est fort ça.... Car mamzelle en a diablement et moi i-tou.

GERMAIN, *à part.*

Elle ne sortira pas de son...... et moi i-tou...... Je commence pourtant à me familiariser avec cette petite mine champenoise. Ménageons à mon maître un tête à tête. (*Haut.*) Si mademoiselle Nanette veut le permettre, je lui ferai voir les statues du jardin.

ROSE.

Quoi !.. ces beaux messieurs de pierre ? je voulons bien ; il n'y a pas en Champagne d'hommes comme ça.

GERMAIN, *à son maître.*

Elle est joliment bête mademoiselle Nanette.

ROSE, *qui l'a entendu.*

Et vous *i-tou*, monsieur Germain.

GERMAIN.

Allons, va pour *i-tou*.

ROSE.

J'allons causer, et puis j'allons nous marier.

GERMAIN.

Voilà le beau de l'affaire. (*Lui donnant le bras*). Allons, allons-donc ! (*Il sort avec Rose.*)

SCÈNE VIII.

ADOLPHE, ANGÉLINE.

ADOLPHE, *à part.*

Nous voilà seuls.... le diable m'emporte, si je sais ce que je vais lui dire.

ANGÉLINE, *à part.*

Pauvre jeune homme !

ADOLPHE, *à part.*

Si je pouvais adroitement la forcer à me refuser elle-même, mon oncle ne pourrait m'en vouloir ; essayons. (*Il se retourne et regarde Angéline qui fixe aussi les yeux sur lui ; tous deux restent un instant sans parler.*)

ANGÉLINE, *à part.*

L'aimable conversation !

ADOLPHE, *à part.*

Le charmant tête à tête !

ANGÉLINE, *haut.*

Eh bien ! mon cousin, nous allons donc nous marier ?

ADOLPHE.

Hélas ! oui, ma cousine.

AIR : *Le Premier Pas.*

Daignez ici
Me parler sans mystère ;
Puisque je dois être votre mari,
Apprenez-moi ce qu'il faut que j'espère :
Ai-je déjà le bonheur de vous plaire ?

ANGÉLINE.

Couci, couci. (*Bis*).

ADOLPHE.

Ah! couci, couci!

Même air.

Je vais ici,
A mon oncle docile,
Former d'hymen le nœud souvent chéri ;
Dans ce lieu l'amour est bien fragile ;
Votre mari doit-il est tranquille ?

ANGELINE.

Couci, couci. (*Bis*).

ADOLPHE.

Le joli refrain !

ANGÉLINE.

C'est que, voyez-vous, mon cousin, il y a des maris, à ce que dit madame la baronne, dont il faut toujours faire la volonté et je voudrais bien ne faire que la mienne, si c'était possible.

ADOLPHE.

Fort bien.

ANGÉLINE.

D'ailleurs, mon cousin, moi je ne veux qu'un mari parfait.

ADOLPHE, *riant.*

Eh bien! je ne suis pas du tout votre fait ; car j'ai beaucoup de défauts.

ANGELINE.

Oh! je le sais bien, mon cousin.

ADOLPHE.

Ah! mademoiselle les a aperçus.

ANGELINE.

Ah! rien qu'en vous voyant.

ADOLPHE.

Rien qu'en me voyant !

ANGELINE.

Mais rassurez-vous, mon cousin ; je veux vous corriger avant de vous épouser.

ADOLPHE, *à part*.

En voilà bien d'un autre ! (*Haut.*) Me corriger ?

ANGELINE.

Oui, monsieur, sans cela point de mariage.

ADOLPHE.

Alors, mademoiselle, je vous préviens que je suis incorrigible.

ANGELINE.

Oh ! que nenni !

AIR : *En proie aux chagrins.*

Cherchant les plaisirs du jeune âge
Et de vingt belles amoureux,
On dit que vous êtes volage,
Léger et très-présomptueux.
Oui, monsieur, on dit dans la ville
Que vous êtes avantageux......

ADOLPHE.

Mademoiselle !

ANGÉLINE.

Soyez tranquille,
De tous ces défauts-là,
Bientôt on vous corrigera.

ADOLPHE.

Non ! mille fois non !

Même air.

Je vous préviens, mademoiselle,
Qu'un rien enflamme mon courroux,
Et que, cherchant toujours querelle,
Je dois faire un méchant époux ;
Je suis brusque et très-indocile,
Comme un tigre je suis jaloux !

ANGÉLINE, *niaisement*.

Je suis tranquille ;
De tous ces défauts-là,
Cousin, on vous corrigera.

ADOLPHE.

Je perds patience ! et quand mademoiselle espère-t-elle commencer sa leçon ?

ANGELINE.

Elle est commencée, mon cousin.

ADOLPHE.

Vraiment?

ANGELINE.

Est-ce que vous ne vous en apercevez pas? (*Riant niaisement.*) Ah! ah! ah! que c'est drôle!

ADOLPHE, *à part.*

Je la crois folle moi.

ANGELINE.

Elle sera bientôt finie, et alors je prierai mon oncle de nous marier.... Quel beau jour! Ah! mon cousin, que je serai belle! J'aurai la robe de mariage de ma tante qui m'a bien fait promettre de n'en pas avoir d'autre ce jour-là..... Elle dit que rien n'est plus galant pour danser le menuet.

ADOLPHE.

Miséricorde, le menuet!... Vous dansez le menuet?

ANGELINE.

Comme un ange, mon cousin; et j'espère bien que nous ouvrirons par-là le bal de notre noce.

ADOLPHE.

Oh! je n'y tiens plus! Eh bien! mademoiselle, moi, je vous déclare que je ne danse pas le menuet.

ANGELINE.

J'en suis bien fâchée, mon cousin; mais...

AIR : *Repas en voyage.*

A mon innocence
Il faut céder, s'il vous plaît;
Monsieur, je ne danse
Que le menuet.

Telle est mon ignorance,
Que, pour toute autre danse,
Jamais, je n'ai, je pense,
Fait un pas.

ADOLPHE.

Ne vous fâchez pas :
Si l'hymen me réclame
Il est juste, madame,
Que je fasse à ma femme
Faire le premier pas.

ENSEMBLE.
{
ANGELINE.

A mon innocence, etc.

ADOLPHE.

Quelle extravagance !
Vraiment il ne lui manquait
De n'aimer de la danse
Que le menuet.
}

(*Angéline rentre dans le pavillon.*)

SCENE IX.

ADOLPHE.

Le menuet ! je suis d'une colère !

SCÈNE X.

ADOLPHE, GERMAIN, ROSE.

GERMAIN, *donnant le bras à Rose.*

Mais venez-donc ; vous m'abîmez le bras. (*A Adolphe*). Mais, monsieur, comme vous êtes agité !

ROSE.

C'est l'effet de la conversation qu'vous avez eue avec mamzelle ; pas vrai, monsieur, qu'elle a d'l'esprit ?

ADOLPHE.

Oh ! elle en a.... elle en a comme toi.

ROSE.

Merci, monsieur.... Mais qu'est-ce que vous avez donc ? vous êtes tout boursoufflé... J'vois c'que c'est ; elle est si futée qu'elle se s'ra un peu moqué de vous.... mais il ne faut pas lui en vouloir dà, alle est aussi bonne que belle.

ADOLPHE.

C'est possible ; mais, en attendant, tu lui annonceras que je vais faire avertir un maître de danse, et qu'il va commencer par lui montrer le fandango. Ah ! par exemple, si elle compte me faire danser le menuet....   (*Il sort.*)

SCENE XI.

GERMAIN, ROSE.

ROSE, *étonnée.*

Un maître de danse !

GERMAIN.

Il paraît qu'on va s'occuper sérieusement de son éducation.

ROSE.

Elle est pourtant assez bien *éduquée* ; c'est comme s'ils voulaient m'apprendre quelque chose à moi.

GERMAIN, *s'approchant d'elle avec malice.*

Comment, belle Nanette, est-ce qu'on n'aurait plus rien à vous apprendre ?

ROSE.

Oh ! vous m'avez tout l'air d'un enjoleux, vous ! Ma mère m'a dit comme ça qu'à Paris y a des petits malins qui font les yeux doux à une fille quand elle est avenante.

AIR : *Vaudeville du Petit Courier.*

Ils lui disent qu'alle est d'leur goût,
Et quand la d'sus alle s'repose,
Souvent on lui dérob' queuqu'chose,
Et je veux prendre garde à tout.

GERMAIN.

Monsieur le baron, ce me semble,
Veut que je vous épouse.

ROSE.

Eh bien !
Quand nous serons mariés ensemble
Je ne prendrai plus garde à rien.

GERMAIN.

Ce sera bien agréable pour moi.

ROSE.

Et tenez.... j'vous l'dis en confidence, les Champenois sont des moutons, et je n'srais pas fâchée d'voir queuq' loups tant seulement pour voir la différence.

GERMAIN, *à part.*

Elle est d'une bonne ingénuité ! (*Haut.*) Eh bien ! mon enfant, supposez que je suis un de ces loups dont vous parlez.

AIR : *Je regardais Madelinette.*

Laissez-moi faire ici ce rôle.

ROSE.

Mais ce sont des bêt's que les loups !
Vous êtes un loup ? Oh ! que c'est drôle,
Je n'ai pas du tout peur de vous.

GERMAIN.

Vous êtes à croquer, ma belle,
Et comme je suis loup.......

(*Il s'avance pour l'embrasser, on sonne dans le pavillon*).

ROSE.

J'vous crois;
Mais, v'là ma maîtress' qui m'appelle,
Vous m'croquerez une autre fois.

ENSEMBLE.

GERMAIN, *à part.*

En vain elle fuit, je la bloque,
Elle est à moi, je le sontien,
Il faudra que le loup la croque,
Et je m'en acquitterai bien.

ROSE, *à part.*

En vain son amour me provoque,
De lui je ne redoute rien.
Si quelque jour le loup me croque,
Ah! c'est que je le voudrai bien.

(*Elle rentre dans le pavillon et Germain sort.*)

SCÈNE XII.

LE BARON, ADOLPHE, GERMAIN.

LE BARON *entre en se disputant avec Adolphe.*

Vous avez beau dire, monsieur, j'ai votre parole, et vous épouserez ma pupille.

ADOLPHE.

J'y consens, mon oncle; mais il faut qu'elle renonce à toutes ses vieilles idées.

AIR : *Ma commère quand je danse.*

Elle fait la révérence
Qu'en douze cent on faisait.
Elle ne sait que la danse
Qu'en treize cent on dansait;
Mais, surtout ce qui me déplaît,
C'est qu'elle a cette innocence
Qu'en l'An quarante on avait.

LE BARON.

Ceci, monsieur, est un défaut dont elle se corrigera facilement, et le séjour de Paris....

ADOLPHE.

Mais je ne pourrai présenter ma femme à personne.

Angéline.

LE BARON.

Eh bien ! mon neveu, le grand malheur ! quand vous la garderiez pour vous seul ?

ADOLPHE.

Ce serait d'un ridicule !

SCENE XIII.

LES MÊMES, COMTOIS, *accourant*.

COMTOIS.

Monsieur le baron ! monsieur le baron ! mademoiselle Rosalba arrive à l'instant avec sa gouvernante.

LE BARON.

Ma nièce !

COMTOIS.

Elle dit qu'elle est impatiente d'embrasser sa sœur, elle me suit.

ADOLPHE.

Je me retire, mon oncle.

LE BARON.

Non pas, mon ami, elle sera charmée de faire connaissance avec son beau-frère, et j'espère que vous verrez avec plaisir votre belle-sœur. Elle est fort jolie ; c'est le portrait d'Angéline.

ADOLPHE.

Je lui en fais mon compliment.

SCENE XIV.

LES MÊMES, ANGELINE *en costume parisien d'une élégance un peu outrée. Un voile couvre à demi sa figure.*

ANGELINE *entre en affectant une grande légèreté.*

Bonjour, monsieur le baron.

AIR : *Vaudeville des deux pères.*

Je vais donc la revoir,
Allons, vîte que je l'embrasse.
Faites-moi la revoir,
De grâce
Comblez mon espoir.

ADOLPHE, *à part.*

Dieu! que d'attraits!
Et dans ses traits
Que de finesse!
Et surtout de noblesse!

LE BARON, *présentant Adolphe.*

Ma chère enfant,
Voici.....

ANGELINE, *d'un ton leger, et prenant un lorgnon qui pend à son cou.*

J'entends;
C'est le beau-frère; il est vraiment
Charmant.

ENSEMBLE.

ANGELINE.
Je vais donc la revoir, etc.

LE BARON.
Vous allez la revoir, etc.

ADOLPHE.
Quel est donc le pouvoir
De ses attraits et de sa grâce?
On éprouve à la voir
Un trouble qu'on ne peut concevoir.

LE BARON, *à Adolphe.*

C'est le portrait vivant de notre Champenoise.

ADOLPHE.

Quelle différence!

LE BARON.

Votre sœur, ma chère Rosalba est dans ce pavillon; je vais vous conduire auprès d'elle.

ANGELINE.

Oh! je vous en prie, monsieur; car je suis d'une impatience.... (*A Adolphe.*) N'ai-je pas eu le plaisir de voir déjà monsieur quelque part? (*Elle le regarde avec son lorgnon.*)

ADOLPHE.

Je ne crois pas, mademoiselle, c'est la première fois que j'ai ce bonheur. (*A part.*) Elle est charmante!

ANGELINE.

C'est singulier; j'aurais juré que j'avais walsé avec monsieur au dernier bal que ma maîtresse de pension a donné.

ADOLPHE.

Je n'avais pas l'honneur de m'y trouver. (*Bas au baron.*) Il paraît qu'elle est dans un grand pensionnat.

ANGELINE.

Quel plaisir de revoir cette aimable sœur! Ah! monsieur le baron, si vous saviez combien elle m'est chère! (*A Adolphe.*) Monsieur n'a-t-il jamais été au concert de madame la comtesse de St-Gérand.

ADOLPHE.

Je n'ai pas l'honneur de la connaître.

ANGELINE.

C'est étonnant, elle connaît tout Paris. Ce qu'il y a de certain, c'est que ce n'est pas la première fois que nous nous trouvons ensemble.

ADOLPHE.

AIR *du pot de fleur.*

Ah! permettez-moi, pour ma gloire,
De douter d'un bonheur si doux.
Aurais-je perdu la mémoire
Des attraits qui brillent en vous?

ANGELINE

Depuis l'instant où je vous vis peut-être,
La mode a changé tellement
Que je vous pardonne aisément
De ne pouvoir me reconnaître.

Mais j'oublie ma chère petite sœur. (*Au baron.*) Monsieur le baron, je suis prête à vous suivre.

LE BARON.

Allons. (*Ils vont pour entrer dans le pavillon, et, trouvant la porte fermée, ils frappent en appelant.*) Nanette! Nanette!

SCENE XV.

LES MÊMES, ROSE *à la fenêtre.*

ROSE.

Chut!

ANGELINE.

C'est moi, Nanette, ouvre, je viens voir ma sœur.

ROSE.

Elle n'est pas visible, mamzelle.

ANGELINE.

Comment! pour moi?

LE BARON.

Pour son tuteur ?

ANGELINE.

En vérité, elle se donne déjà les airs du grand monde.

ROSE, *à voix basse et s'appuyant sur sa croisée.*

Eh ben ! comment cela va-t-il ? et mamzelle Rosalba ?... je suis morgué ben contente de vous voir, et votre sœur le sera *itou*... Elle vient de s'endormir en me parlant de vous.

ADOLPHE, *riant.*

Comment, elle dort !

ANGELINE

A l'heure qu'il est ?

ROSE.

Elle est si fatiguée du voyage !

ANGELINE.

C'est du dernier ridicule !

LE BARON.

Il est vrai que nous sommes venus avec une rapidité....

ANGELINE.

Et moi, n'ai-je pas passé trois nuits au bal, en suis-je moins éveillée ?

ADOLPHE.

Je vous assure qu'il n'y paraît pas.

ANGELINE.

Mon cher beau-frère, c'est un compliment, je suis à faire peur ce matin ! (*A Rose.*) Nimporte, je veux voir ma sœur, je n'ai que quelques minutes à lui donner ; car il faut que j'aille prendre ma leçon d'équitation.

ADOLPHE.

A la bonne heure, voilà une femme présentable.

ANGELINE.

Nanette, va dire à ta maîtresse que je suis là.

ROSE.

Mais, ça va la réveiller ça, mamzelle.

ANGELINE, *d'un ton impérieux.*

Je le veux.

ROSE, *quittant la fenêtre.*

Ah ! dame, si vous m'priez tant qu'ça. (*Elle rentre.*)

SCÈNE XVI.

LES MÊMES, *excepté* ROSE.

ANGELINE.

Cette chère Angeline, je suis désespérée de ne pouvoir rester plus long-temps avec elle ; mais le devoir avant tout.

LE BARON.

J'aime à vous entendre parler ainsi, ma chère Rosalba; il me semble cependant que votre éducation doit être avancée.

ANGELINE.

Elle est finie, monsieur le baron.

LE BARON.

En vérité ?

ANGELINE.

Jugez-en vous-même.

AIR : *Paris est comme autrefois.*

J'ai tant fait preuve de zèle,
Que je sais, on peut le voir,
Tout ce qu'une demoiselle,
A mon âge, doit savoir.
Je sais très-peu le français;
Mais je sais très-bien l'anglais,
Et déjà de l'allemand
J'ai traduit plus d'un roman.
Je sais un peu de physique,
Et touche du *piano*.
Je connais la politique
Et danse le *fandango*.
Je chante l'italien
Comme un bouffe, et je soutien
Que je le chante fort bien
Perquè l'on n'y comprend rien.
Pour mieux nous rendre accomplies,
Dans ma pension déjà
Nous jouons des tragédies.
C'est moi qui fais les *Talma*.
Je joue *Oreste*, *Brutus*,
Néron, surtout *Manlius* ;
Chacun frémit éperdu
Lorsque je dis : *qu'en dis-tu ?*
Thalie est peu négligée,
Et je fais avec bonheur,
La *Coquette corrigée*,
Et puis *la Fille d'honneur*.
Je sais tourner un couplet,
Je sais parler du budget,

Je sais que c'est à Paris
Qu'on trouve les bons maris...
Ainsi donc, grâce à mon zèle,
Je sais, on vient de le voir,
Tout ce qu'une demoiselle,
A mon âge, doit savoir.

ADOLPHE, *à part.*

Quelle grâce, quelle légéreté !

ROSE, *ouvrant le pavillon.*

Mamzelle v'là à la par fin votre sœur qui est réveillée.

ANGELINE, *entrant dans le pavillon.*

Je vais lui dire adieu.

SCENE XVII.

LE BARON, ADOLPHE, GERMAIN.

ADOLPHE, *à Germain très-animé, pendant que le baron conduit Angeline.*

Germain, aide-moi à toucher mon oncle.

GERMAIN.

Moi, monsieur ? comment, pourquoi, par où ?

ADOLPHE.

Viens et dis comme moi. (*Tirant son oncle par le pan de son habit.*) Mon oncle, mon cher oncle !

GERMAIN.

Notre oncle, notre cher oncle !

LE BARON.

Qu'est-ce donc ?

ADOLPHE.

Je n'espère qu'en votre bonté.

GERMAIN.

Nous n'espérons qu'en votre bonté.

ADOLPHE.

Mademoiselle Rosalba....

GERMAIN.

Mademoiselle Rosalba......

LE BARON.

Eh bien ?

ADOLPHE.

J'en suis fou !

GERMAIN.

Nous en sommes fous ! mon oncle.

LE BARON.

Comment ! il se pourrait ?

ADOLPHE.

Oui, mon oncle.

GERMAIN.

Oui, notre oncle.

ADOLPHE.

Par quelle fatalité m'avez vous choisi celle des deux sœurs que je ne puis aimer, lorsque l'autre vient d'offrir à mes yeux tout ce que la grâce a de plus doux et l'esprit de plus séduisant ! Mon oncle, mon cher oncle, laissez-vous toucher. Accordez-moi Rosalba, je ne me sens pas le courage de rendre sa sœur heureuse.

GERMAIN.

Non, monsieur, nous n'avons pas ce courage-là.

LE BARON, *lui donnant un coup de canne dans les jambes.*

Te tairas-tu, maraud ?

GERMAIN.

Non, monsieur, battez-moi, tuez-moi, cela ne ne m'empêchera pas de vous dire que mademoiselle Angéline n'est pas du tout ce qu'il nous faut, que mademoiselle Rosalba nous convient mieux, et que, si ce n'est pas elle que nous épousons, nous vous rendons personnellement responsable des accidens qui pourront survenir.

LE BARON *de même.*

Mais, faquin !...

ADOLPHE.

Vous voulez mon bonheur, mon cher oncle, ne laissez pas échapper l'occasion de me rendre le plus heureux des hommes. Je vous bénirai toute ma vie.

GERMAIN.

Nous vous bénirons.

LE BARON, *lui donnant encore un coup de canne dans les jambes.*

Encore !

GERMAIN, *se frottant les jambes.*

Oui, monsieur, nous vous bénirons. (*A part.*) Que le diable l'emporte !

LE BARON.

Eh bien! mon neveu, je veux vous donner une dernière preuve de mon affection; je consens à l'échange proposé.

ADOLPHE.

Ah! mon oncle!

LE BARON.

Je n'y mets qu'une condition, c'est que vous déclarerez vous-même à Angéline que vous n'avez aucun penchant pour elle, et que vous ne voulez pas l'épouser. Quant à moi, je me charge du consentement de Rosalba.

ADOLPHE.

Ah! mon oncle, comment reconnaître?...

SCÈNE XVIII.

LES MÊMES, ANGELINE, ROSE.

ANGELINE, *à la cantonade*.

Rentre donc, ma bonne sœur, rentre donc; point de cérémonie entre nous.... Demain je reviendrai et je resterai plus long-temps avec toi. (*Elle descend.*)

ADOLPHE, *à part*.

Je la trouve encore plus jolie.

ANGELINE, *riant aux éclats*.

Ah! ah! ah!

LE BARON.

Qui peut exciter à ce point votre gaieté, ma chère Rosalba?

ANGELINE.

Oh! permettez-moi de rire. Comment vous, monsieur le baron, homme du monde et de bon goût, vous pouvez souffrir que votre pupille soit mise comme l'était sa trisayeule!.... Il ne faut pas que cela vous effraie, mon cher beau-frère!.... Je la formerai et j'ose me flatter que, dans peu, vous ne la reconnaîtrez plus... Cette chère enfant!... Oh! C'est bien une Champenoise dans toute la force du terme; elle a la douceur d'un mouton.

ADOLPHE.

Ses moindres paroles ont un charme!...

ROSE.

Eh bien, eh bien! mamzelle, quoi qu'vous dites donc des Champenoises? apprenez, mademoiselle, que les Champenoises

Angeline. 5

valent bien les Parisiennes.... et que, si j'avons la douceur des moutons, les demoiselles de Paris ont celle des matous.

LE BARON.

Nanette, Nanette, tu oublies le respect....

ADOLPHE, *à Angeline.*

L'impertinente !

ROSE.

Non, non, voyez-vous, c'est que j'n'aimons pas qu'on dise du mal des Champenoises, parce que ma mère est de ce pays-là et que j'en sommes *itou*.... Et je suis bien aise de faire voir que je ne sommes pas si douce qu'on le croit.

ANGELINE.

Elle est amusante la petite.... mais je perds un temps précieux.

LE BARON, *à Adolphe.*

Songe à dégager ma parole avec Angéline.

ADOLPHE, *bas au baron.*

Je m'en charge.

ANGELINE, *avec finesse.*

Au revoir, mon cousin.

AIR : *Pour obtenir celle qu'il aime.*

Ma sœur est aimable et jolie ;
Et vous allez suivre sa loi ;
Mais avec elle, je vous prie,
Ne vous mariez pas sans moi.
A votre noce il faut qu'on danse ;
Cousin, je vous retiens d'avance :
Ici nous allons réunir
L'hymen, l'amour et le plaisir.

TOUS.

Ici, etc......

(*Le baron donne la main à Angéline et sort avec elle.*)
(*Rose rentre dans le pavillon.*)

SCENE XIX.

ADOLPHE, GERMAIN, *et ensuite* ROSE.

ADOLPHE, *joyeux.*

Germain, conçois-tu mon bonheur, j'ai attendri mon oncle.

GERMAIN.

Et comme je vous ai secondé, hein ! monsieur ?

ADOLPHE.

Il résistait d'abord..... Il me donnait des raisons que je sentais.

GERMAIN, *se frottant les jambes.*

Et à moi donc, il me donnait sa canne dans les jambes que je sentais bien aussi.

ADOLPHE.

Enfin nous l'avons emporté.... et j'épouse la plus jolie femme de Paris.... Allons, remplissons les desseins de mon oncle.

(*Il va au pavillon. Rose paraît sur la porte, avec un plumeau sur l'épaule et lui barre le passage; elle imite un soldat en faction.*)

ROSE.

On n'entre pas.

GERMAIN.

Elle est fort bien sous les armes.

ADOLPHE, *riant.*

Comment, belle Nanette, est-ce que votre maîtresse serait rendormie?

ROSE.

Non, monsieur; mais mademoiselle Rosalba l'a grondée d'être si mal habillée, et v'là que, pour vous plaire, elle met ses plus beaux atours. C'est que vous lui plaisez à mamzelle; et queu bonheur quand j'serons tretous à Damery.

ADOLPHE, *à Germain.*

Reste là. Je reviens à l'instant.

ROSE.

Ma fine! c'est un bon endroit.... et surtout dans le temps de la vendange. Il me semble que je suis encore là sous le grand ormeau du village (*s'approchant de Germain*) à côté du gros Colas mon cousin.

(*Adolphe sort et revient après que Rose a chanté ses trois couplets.*)

GERMAIN.

Qu'est-ce que c'est que le gros Colas?

ROSE.

C'est comme qui dirait vous... monsieur Germain. Le gros Colas, voyez-vous, c'était mon danseur de tous les jours; c'est vous qui le remplacerez.

AIR.

Ier COUPLET.

Avec Colas, mon gros cousin,
Tous les jours j'étions en campagne,
Et tous les deux, soir et matin,
Nous vendangions sur la montagne;
 Et you pioux pioux,   (*Bis*).
C'est le refrein de la Champagne;
 Et you pioux pioux,   (*Bis*).
C'est le refrain de chez nous.

(*Elle danse sur la ritournelle.*)

IIe COUPLET.

Quand il me disait d'un air doux,
Cousin', sais-tu ce que j'desire?
Moi, loin de me mettre en courroux,
Je me contentais de lui dire:
 Et you pioux pioux,   (*Bis*.
C'est le refrain, etc.

(*Elle danse.*)

IIIe COUPLET.

Colas n'avait point de dépit,
Et pour mieux se faire comprendre,
Comme il avait beaucoup d'esprit,
Il me répondait d'un air tendre:
 Et you pioux pioux,
C'est le refrain, etc.

(*Elle fait danser Germain avec elle.*)

Enfin Colas.......

GERMAIN.

Allons, elle n'en finira pas avec ses pioux pioux et son gros Colas.

ROSE.

Oh! ne vous fâchez pas, monsieur Germain, ne vous fâchez pas....Ça me rappelle mon pays, voyez-vous, et le gros Colas...

ADOLPHE.

Ah! c'est assez, Nanette....... Allez dire à votre maîtresse que je la prie de m'accorder un moment d'entretien.

ROSE.

Pardon, excuse, monsieur; pardon, je me suis oubliée. (*Appelant.*) Mamzelle, mamzelle......

ANGELINE, *dans le pavillon.*

Que veux-tu, Nanette?

ROSE.

Monsieur Adolphe veut vous parler.

ANGELINE.

Je descends au jardin.

ADOLPHE, à Germain.

Laisse-moi.

GERMAIN.

Venez.... pioux pioux. (*Il sort avec Rose.*)

SCÈNE XX.

ADOLPHE, ANGELINE *en costume d'autrefois, mais un peu plus parée.*

ADOLPHE, *riant à part.*

Ah! ah! la voilà dans tout son éclat!

ANGELINE.

Vous voulez me parler, monsieur Adolphe; est-ce de notre mariage?

ADOLPHE.

Oui, mademoiselle, à-peu-près.

ANGELINE.

Ah! tant mieux. Ce mot de mariage est si joli!

ADOLPHE.

Oui sans doute, il est plein de charmes lorsque ce lien enchanteur doit unir deux cœurs qui n'ont que la même pensée; mais par malheur nos sentimens ne sont pas les mêmes.

ANGELINE.

Ah! je vous entends, vous voulez parler de la petite querelle que nous avons eue ensemble ce matin. Pardonnez, mon cousin, j'avais tort, très-tort, une demoiselle bien née doit toujours suivre les volontés de son mari, et me voilà prête à vous obéir.

ADOLPHE, *à part.*

Parbleu! elle prend bien le moment. (*Haut.*) Mademoiselle, je n'accepterai point le sacrifice que vous voulez me faire, et j'aime mieux renoncer à votre main que de vous rendre malheureuse en contrariant vos volontés.

ANGELINE.

Je n'en aurai plus, monsieur Adolphe, et vos moindres desirs seront des ordres pour moi.

ADOLPHE, *à part.*

Elle a juré de toujours me contrarier. (*Haut.*) Non, mademoiselle, non, je n'exigerai point que vous oubliez ainsi les sages leçons de votre tante.

ANGELINE.

Est-ce ce vêtement gothique qui vous déplaît?... Eh bien! pour vous plaire je serai ce soir à la dernière mode.

ADOLPHE, *à part.*

Allons, elle va devenir aimable à présent.

ANGELINE.

Dites, mon cousin.... Parlez, qu'exigez-vous encore?

ADOLPHE, *à part.*

J'enrage. (*Haut.*) Tenez, mademoiselle, je dois vous parler franchement. Depuis la petite querelle que nous avons eue, j'ai pensé que nous n'étions pas nés l'un pour l'autre, et, malgré vos charmes et vos vertus, j'ai fait un autre choix.

ANGELINE.

Qu'entends-je?

ADOLPHE.

La vérité, mademoiselle, et je viens retirer la parole que mon oncle vous a donnée.

ANGELINE.

Votre oncle lui-même!.... Quoi, monsieur Adolphe!.... (*Pleurant presque.*) Ah! jamais je ne l'aurais cru capable de cette cruauté.

ADOLPHE.

Ne l'accusez pas, mademoiselle, c'est moi.

ANGELINE.

Non, monsieur, ce n'est pas vous que je dois accuser d'un procédé si cruel. Quand on a votre brillante réputation, quand on est cité dans le monde par des triomphes remarquables, quel charme pourrait-on trouver à devenir l'époux d'une niaise comme moi, d'une Champenoise qui danse le menuet? Je ne vous blâme point; ce n'est pas quand on fréquente les plus aimables étourdis de la capitale, comme on dit que vous les fréquentez, que l'on peut être fier d'inspirer à l'innocence son premier amour, de former son cœur, de guider ses premiers pas. Ce sont de ces plaisirs qu'il faut laisser aux Champenois, et vous avez très-bien fait d'y renoncer. Mais votre oncle qui devait prévoir l'effet que ma vue produirait sur vous, quel tort n'a-t-il pas envers moi! C'est lui qui m'a amenée auprès de vous, qui s'est joué de ma crédulité, qui est cause que je vous ai vu et que jamais peut-être........

ADOLPHE, *à part.*

Quel langage! (*Haut.*) Mademoiselle.........

ANGELINE.

Air *de Doche.*

Ier COUPLET.

Une autre vous enflamme,
Elle doit vous aimer.
Sans doute cette femme
Mieux que moi sait charmer.
Son esprit étincelle,
   Séduit, je croi;
Mais vous aimera-t-elle?
   Pas plus que moi.

ADOLPHE, *à part.*

Quel changement!

ANGELINE.

IIe COUPLET.

Si, prévenu contr'elle,
Un jour, dans votre erreur,
Près de quelqu'autre belle
Vous portez votre ardeur,
Pour punir le rebelle,
   Ah! sous sa loi
Vous ramènera-t-elle?
   Pas mieux que moi.

ADOLPHE, *très-ému.*

Ah! mademoiselle!...

ANGELINE, *vivement.*

Adieu, monsieur, adieu; il faut que votre oncle me ramène dès aujourd'hui dans la paisible solitude que je n'aurais jamais dû quitter. Allez vous unir à celle que vous me préférez, et puissiez-vous ne jamais regretter la pauvre Angeline!

(*Elle rentre dans le pavillon et fait des signes d'intelligence à Comtois.*)

SCENE XXI.

ADOLPHE *seul, stupéfait.*

Je ne reviens pas de ma surprise!

SCÈNE XXII.

ADOLPHE, COMTOIS, le BARON, puis GERMAIN.

COMTOIS, *sortant du pavillon.*

Mademoille Nanette, mademoiselle Nanette!

ROSE, *dans la coulisse.*

Me v'là, me v'là.

COMTOIS.

Allez aider votre maîtresse à faire ses paquets.

LE BARON.

Qu'entends-je?

COMTOIS.

Oui, monsieur, mademoiselle se désole, elle veut absolument partir pour Damery.

LE BARON, *étonné.*

Partir! (*Comtois sort.*)

SCÈNE XXIII.

ADOLPHE, le BARON, GERMAIN.

ADOLPHE, *vivement.*

Ah! mon oncle, votre nièce Angeline....

LE BARON.

C'est une sotte, une petite niaise.

ADOLPHE.

C'est un ange, mon oncle, quel charme!....

LE BARON.

Oui, elle a de la douceur; elle t'a rendu ta parole sans difficulté..... Eh bien! réjouis-toi, je t'annonce que l'aimable Rosalba ne demande pas mieux que de devenir ta femme, et que tout est arrangé, j'ai donné ma parole.

ADOLPHE.

Eh bien! mon oncle, vous avez eu tort.

LE BARON, *en colère.*

Comment! j'ai eu tort!...... Corbleu, mon neveu, vous moquez-vous de moi par hasard?

ADOLPHE.

Non, mon cher oncle, je vous respecte, je vous honore; mais je viens de voir votre pupille. Ah! si vous l'aviez entendue? quelle sensibilité touchante! Enfin, telle était la douceur de sa voix, l'expression de ses regards, que, malgré mon amour pour sa sœur, je ne puis maintenant qu'être l'époux d'Angéline.

LE BARON.

Qu'est-ce à dire, monsieur. (*A part.*) Je l'embrasserais de bon cœur.

AIR : *Vive une femme.*

Votre désobéissance
Doit exciter mon courroux.
Est-ce là la récompense
De ce que j'ai fait pour vous?

ADOLPHE.

Rosalba, belle et frivole
Pour moi, ne sent pas d'amour.

LE BARON.

Eh! monsieur, j'ai sa parole
Qu'elle en aura quelque jour.

ADOLPHE.

D'Angéline la décence,
Mon oncle, me charmerait.

LE BARON.

Bon! elle a cette innocence
Qu'en l'an quarante on avait.
Près de cette jeune dame
Il te faudrait, entre nous,
Etre adoré de ta femme.

Angéline.

ADOLPHE.

Mon oncle, je m'y résous;
Je suis d'une humeur jalouse.
Ah! quel serait mon tourment!
Sans être aimé d'une épouse
Peut-on vivre un seul instant?

LE BARON.

Oui, de vivre on est capable,
Et je vois de braves gens
Qui donnent leur femme au diable,
Et qui sont très-bien portans.

Aussi je prétends que vous devez épouser Rosalba.... Vous venez de me faire donner ma parole; tout est arrêté, et vous l'épouserez, ou, dès ce moment, vous devez renoncer à mes bontés.

ADOLPHE.

Eh bien! mon parti est pris.

AIR: *Vaudeville des filles à marier.*

Le sort qu'on me destine
Augmente mon ardeur.

(*Se tournant vers le pavillon.*)

Ah! ma chère Angéline,
Vous seule aurez mon cœur.
Paraissez et j'abjure
L'erreur qui m'égara.
Qu'à vos pieds je le jure!

(*La porte du pavillon s'ouvre; Angéline paraît avec un costume simple, mais élégant.*)

SCENE XXIV ET DERNIÈRE.

LES MÊMES, ANGELINE, ROSE.

ANGELINE.

Me voilà. (*Bis.*)

TOUS.

La voilà, la voilà, la voilà.

ADOLPHE.

Que vois-je? Angéline!

LE BARON.

Et Rosalba... choisis. (*Adolphe se jette aux genoux d'Angéline.*)

ANGELINE.

Ah ! mon cousin, vous me devez bien cela.

ADOLPHE.

Comment se fait-il ?

AIR : *Ce n'est pas lui.*

Je suis dupe de votre adresse ;
Mais je sens là
Que je vous aimerai sans cesse.

ANGELINE.

Nous verrons ça.

ADOLPHE.

Faisons le plus doux mariage,
Et l'on ne pourra
Désormais me tromper, je gage.

ANGELINE.

Nous verrons ça.

ADOLPHE, *au baron.*

Ah ! mon oncle.

LE BARON.

Monsieur, vous l'épouserez ou vous devez renoncer à mes bontés.

ADOLPHE, *baisant la main d'Angeline.*

Mon oncle, mon parti est pris.

GERMAIN, *à part.*

Allons, mon maître a été joué complètement.

ROSE, *frappant sur l'épaule de Germain.*

Et vous itou, monsieur Germain ?

GERMAIN.

Hein ! que vois-je ; mademoiselle Nanette !...

ROSE.

S'appelle Rose, monsieur Germain.

GERMAIN.

Rose! comment n'ai-je pas deviné cela en vous voyant.

ROSE.

C'est que vous n'êtes pas bien malin ; aussi je consens à vous accorder ma main, car je crois que vous l'avez demandée.

GERMAIN.

Vous croyez?....

ROSE.

Oh! oui, vous me l'avez demandée et la voilà... Faites-en bon usage, ou sinon....

ANGELINE.

Monsieur Adolphe, vous m'avez trouvé toutes les grâces d'une Parisienne, et toute la douceur d'une Champenoise, et moi j'espère trouver en vous toute la confiance d'un mari de Paris.

VAUDEVILLE.

AIR : *Voilà, voilà le vrai moyen.*

ADOLPHE.

Ah! mon âme est ravie,
O femmes! je le vois,
Notre sort dans la vie
Est de suivre vos lois.
Au jeune âge on adore
Vos grâces, vos attraits ;
Quand le temps décolore
Et vient changer vos traits,
Par l'esprit faire encore
De nous ce qu'il vous plaît:
Voilà, voilà votre secret.

ROSE.

Il est bien difficile
De résister, dit-on,
Aux messieurs de la ville......
Je crains peu leur jargon.
Quand, séduit par ma grâce,
Un jeune homme à succès
Me dit : « que je l'embrasse ! »
Et me serre de près ;
Moi je m'en débarrasse
Avec un bon soufflet ;
Voilà, voilà tout mon secret.

LE BARON.

Pour rendre à notre France
Son glorieux destin,
Amis, il est, je pense,
Un moyen très-certain.
Ce n'est pas la folie
De tel, ou tel pamphlet;
Ce n'est pas la manie
D'enfanter maint projet.....
Aimons notre patrie,
Sans aucun intérêt:
Voilà, voilà tout le secret.

GERMAIN.

Contre le sort, sans causes,
On crie à qui mieux mieux.
Faut-il donc tant de choses,
Hélas! pour être heureux?
Avoir cave excellente,
Quelques amis parfaits;
Une femme charmante,
Des enfans gros et frais (1),
Cent mille francs de rente
Et n'être point valet:
Voilà, voilà tout le secret.

ANGELINE *au public*.

Pour notre vaudeville,
Les auteurs sont tremblans;
Il vous serait facile
De les rendre contens.
Se montrer peu sévère
Pour nos faibles essais,
Aux loges, sans colère,
Accueillir quelques traits,
Applaudir au parterre
Jusqu'au dernier couplet:
Voilà, voilà votre secret.

---

(1) Ou des enfans qu'on a faits.

FIN.

www.ingramcontent.com/pod-product-compliance
Lightning Source LLC
Chambersburg PA
CBHW070710050426
42451CB00008B/578